AF205655

Impressum
Verlag: BABADADA GmbH, Nedderfeld 112 , 22529 Hamburg
Geschäftsführer / Verlagsleitung: Harald Hof
Druck: Books on Demand GmbH, In de Tarpen 42, 22848 Norderstedt

Imprint
Publisher: BABADADA GmbH, Nedderfeld 112 , 22529 Hamburg, Germany
Managing Director / Publishing direction: Harald Hof
Print: Books on Demand GmbH, In de Tarpen 42, 22848 Norderstedt

# escola

# мактаб

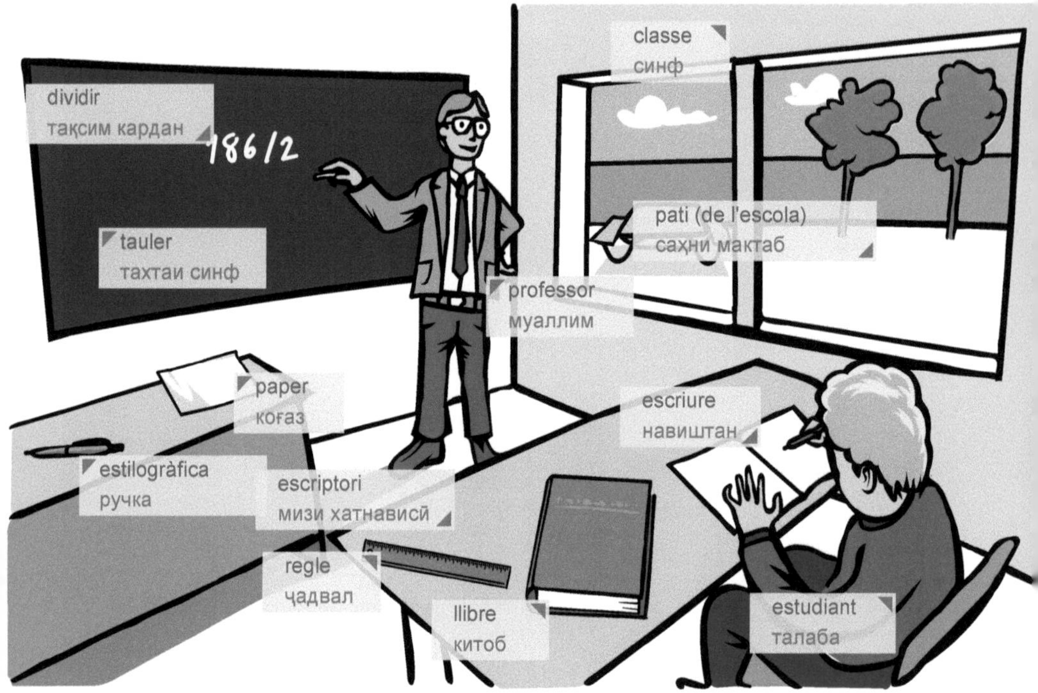

classe
синф
dividir
тақсим кардан
186/2
tauler
тахтаи синф
pati (de l'escola)
саҳни мактаб
professor
муаллим
paper
коғаз
escriure
навиштан
estilogràfica
ручка
escriptori
мизи хатнависӣ
regle
ҷадвал
llibre
китоб
estudiant
талаба


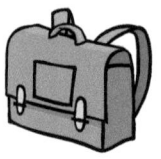

bossa

чузвдон

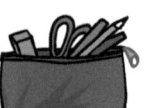

estoig

қаламдон

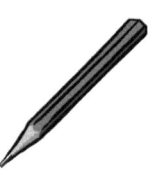

llapis

қалам

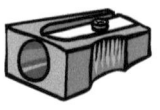

maquineta de fer punta

қаламтезкунак

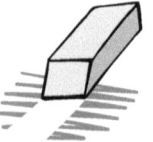

goma

хаткуркунак

bloc de dibuix

блокноти расмкашӣ

dibuix

расм

pinzell

мӯқалами рассомӣ

capsa de pintures

қуттии рангҳо

tisores

қайчӣ

cola

ширеш

quadern d'exercicis

дафтари машқ

deures

вазифаи хонагӣ

nombre

рақам

afegir

ҷамъ кардан

sostreure

кам кардан

multiplicar

зарб задан

calcular

ҳисоб кардан

lletra

ҳарф

alfabet

алфавит

mot

калима

text

матн

llegir

хондан

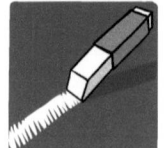

guix

бӯр

lliçó

дарс

llibre de classe

журнали синфӣ

examen

имтиҳон

certificat

шаҳодатнома

uniforme escolar

либоси мактабӣ

formació

таҳсил/маориф

enciclopèdia

энсиклопедия

universitat

донишгоҳ

microscopi

микроскоп (more frequently used)

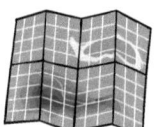

mapa

харита

paperera

сабади партофҳои коғазӣ

# viatge
# саёҳат

hotel
меҳмонхона
Grand
alberg
хобгоҳ
ROOMS
CHANGE
oficina de canvi
нуқтаи мубодилаи асъор
maleta
чамадон
automòbil
мошин


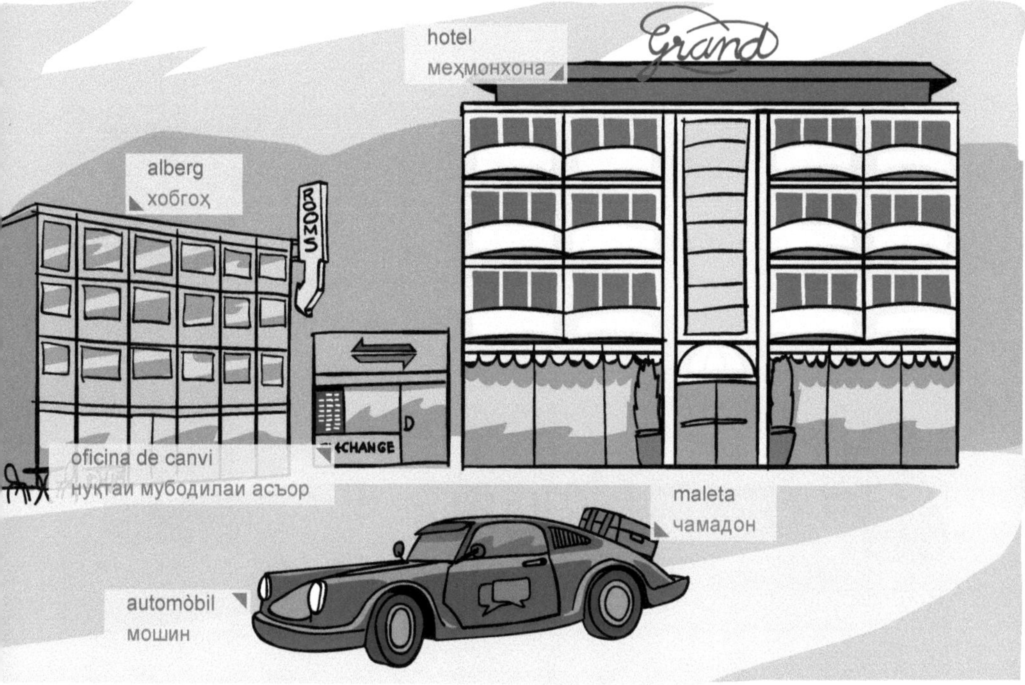

llengua

забон

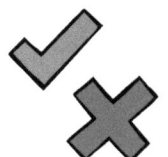

sí / no

ҳа / не

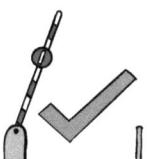

D'acord

Хуб

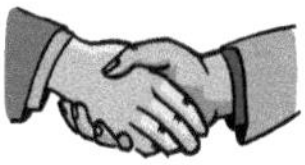

Ey!

Ассалому алейкум

traductora

тарҷумон

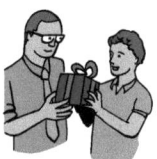

gràcies

Раҳмат

**Quant costa… ?**

чӣ қадар аст …?

**No entenc**

Ман намефаҳмам

**problema**

проблема

**Bona nit!**

шаб ба хайр!

**bon dia!**

субҳ ба хайр

**bona nit!**

шаби хуш

**fins aviat**

хайр

**direcció**

равона

**bagatge**

бағоҷ

**bossa**

ҷузвдон

**sarrona**

борхалта

**convidat**

меҳмон

**cambra**

хона

**sac de dormir**

хобхалта

**tenda**

хайма

oficina de turisme

маълумоти сайёҳӣ

platja

соҳил

carta de crèdit

корти кредитӣ

esmorzar

наҳорӣ

dinar

хӯроки пешин

sopar

хӯроки шом

bitllet

чипта

ascensor

лифт

segell

марка

frontera

сарҳад

duana

Гумрук

ambaixada

сафорат

visat

раводид

passaport

шиноснома

# transport

# наќлиёт

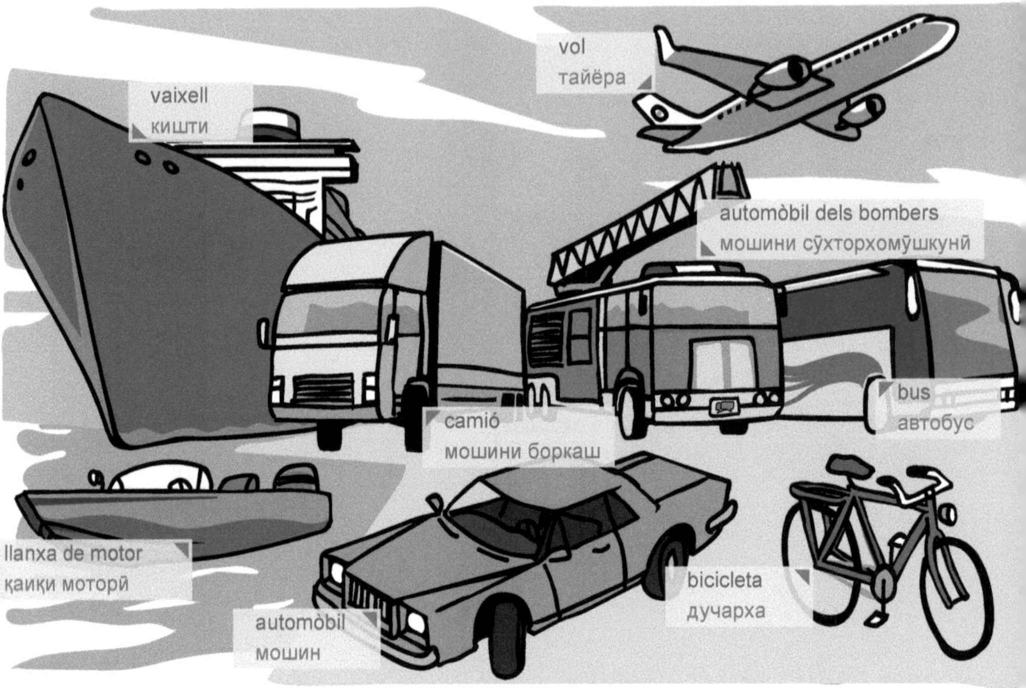
vol
тайёра
vaixell
кишти
automòbil dels bombers
мошини сӯхторхомӯшкунӣ
bus
автобус
camió
мошини боркаш
llanxa de motor
қаиқи моторӣ
bicicleta
дучарха
automòbil
мошин

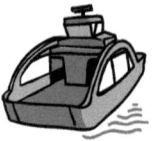

transbordador
.................
паром

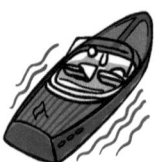

barca
.................
қаиқ

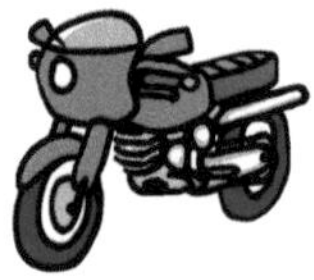

moto
.................
мотосикл

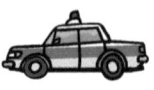

automòbil de policia
.................
мошини полис

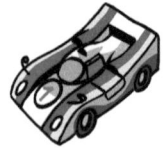

automòbil de curses
.................
мошини тезрави пойгаи

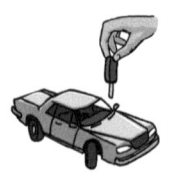

automòbil de lloguer
.................
кирояи мошинҳо

vehicle compartit

ҳамроҳ истифодабарии мошин

grua

эвакуатор

camió de les escombraries

павтовҷамъкунӣ

motor

муҳаррик

benzina

сӯзишворӣ

benzineria

нуқтаи фурӯши сӯзишворӣ

senyal de trànsit

аломати роҳ

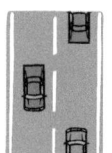

trànsit

ҳаракат

embús

бандшавии ҳаракати роҳ

aparcament

ҷои исти мошинҳо

estació de trens

истгоҳи роҳи оҳан

vies

роҳи оҳан

tren

қатора

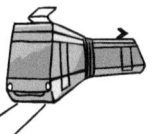

tramvia

тамвай

vagó

вагон

helicòpter

чархбол

aeroport

фурудгоҳ

torre

манора

passatger

мусофир

contenidor

контейнер

capsa de cartó

щутии картонй

carretó

ароба

cistella

сабад

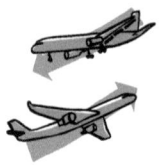

enlairar-se / aterrar

гирифтан / замин

## ciutat

## шаҳр

poble

деҳа

centre de la ciutat

маркази шаҳр

casa

хона

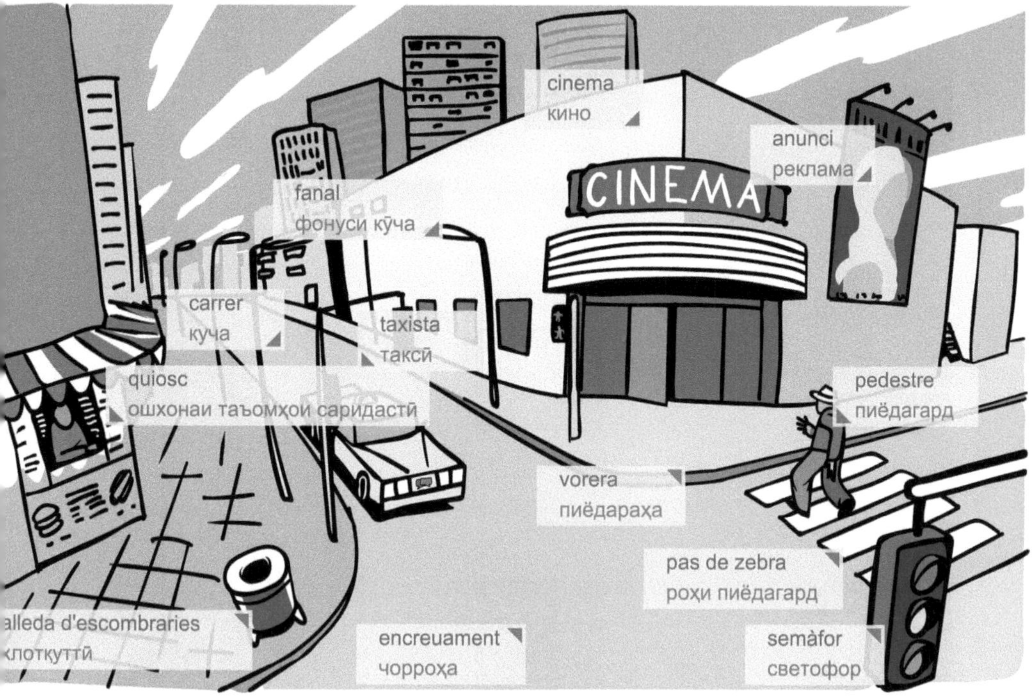

cinema
кино

anunci
реклама

fanal
фонуси кӯча

CINEMA

carrer
кӯча

taxista
таксӣ

pedestre
пиёдагард

quiosc
ошхонаи таъомхои саридастӣ

vorera
пиёдараха

pas de zebra
роҳи пиёдагард

alleda d'escombraries
клоткуттӣ

encreuament
чорроҳа

semàfor
светофор

cabana

кулба

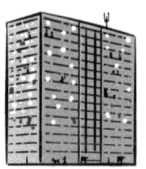

apartament

ҳамвор

estació de trens

истгоҳи роҳи оҳан

casa de la vila-ciutat

бинои маъмурияти шаҳр

museu

осорхона

escola

мактаб

universitat

донишгоҳ

banca

бонк

hospital

бемористон

hotel

меҳмонхона

farmàcia

доухона

oficina

идора

llibreria

сехи китоб

botiga

сехи

floristeria

мағозаи гулфурӯшӣ

supermercat

супермаркет

mercat

бозор

gran magatzem

универмаг

peixateria

мағозаи моҳифурӯшӣ

centre comercial

маркази савдо

port

бандар

parc

парк

banc

бонк

pont

пул

escala

зинапоя

metro

метро

túnel

нақби

parada d'autobús

истгоҳи автобус

bar

бар

restaurant

тарабхона

bústia de correu

қуттии почта

senyal indicador

аломати номи кӯчаҳо

parquímetre

ҳисобкунаки исти мошинҳо

zoo

боғи ҳайвонот

piscina

ҳавзи шиноварӣ

mesquita

масҷид

granja

ферма

pol·lució

ифлоскунй

cementiri

қабристон

església

калисо

parc infantil

майдончаи бозй

temple

маъбад

# paisatge

## ландшафт

fulla
барг

cartell indicador
аломати роҳнамо

camí
роҳ

prat
алафзор

pedra
санг

arbre
дарахт

excursionista
сайёҳ

riu
дарё

gespa
алаф

flor
гул

vall

водй

muntanya

кӯҳ

llac

кул

bosc

беша

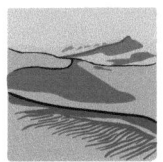

desert

биёбон

volcà

вулкан

castell

қалъа

arc de Sant Martí

рангинкамон

bolet

занбӯруғ

palmera

дарати нахл

moscard

хомӯшак

mosca

паридан

formiga

мурча

abella

занбур

aranya

тортанак

escarabat

гамбӯсак

granota

қурбоққа

esquirol

санҷоб

eriçó

хорпушт

llebre

харгӯш

òliba

бум

ocell

парранда

cigne

мурғи қу

senglar

хуки ваҳшй

cervo

оҳу

ant

гавазн

presa

сарбанд

turbina

турбина шамол

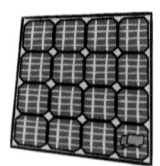

panell solar

панел офтобй

clima

иқлим

# restaurant
# тарабхона

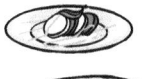

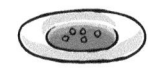

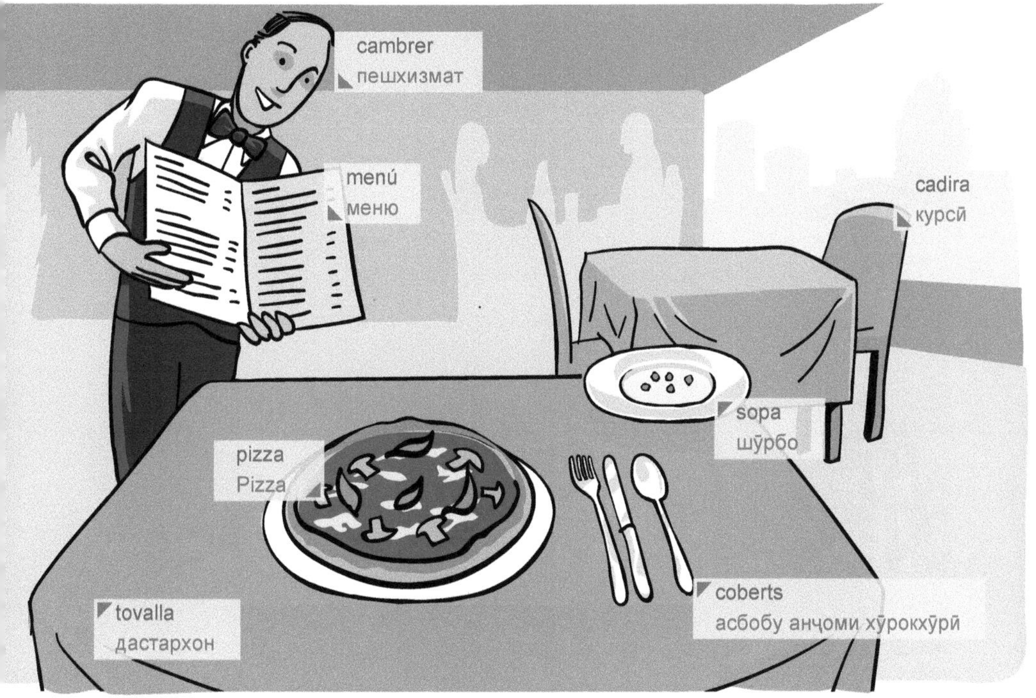
cambrer
пешхизмат
menú
меню
cadira
курсӣ
sopa
шӯрбо
pizza
Pizza
tovalla
дастархон
coberts
асбобу анҷоми хӯрокхӯрӣ

primer plat
стартер/корандоз

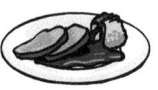

plat principal
хӯроки асосӣ

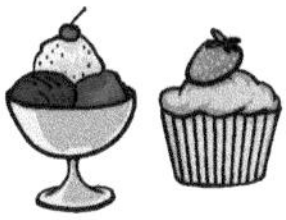

darreries
десерт

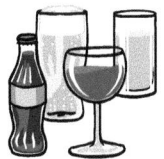

begudes
нӯшокиҳои

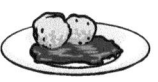

menjar
таъом

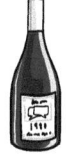

ampolla
шиша

menjar ràpid

Хӯроки Тез Таёр мешуда

menjar de carrer

хӯроки кӯчагӣ

tetera

чойник

sucrer

шакардон

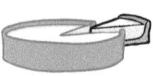

porció

қисм/порча

màquina d'espresso

мошини espresso

trona

курсии кӯдакона

factura

ҳисоб

plata

зарфмонак

ganivet

корд

forqueta

чангол

cullera

қошуқ

cullereta

қошуқча

tovalló

сачоқи қоғазӣ

got

истакон

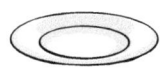

plat

табақча

plat de sopa

косача

plateret

тақсимча

salsa

соус

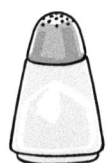

saler

намакдон

molinet de pebre

мурчдон

vinagre

сирко

oli

равғани растанӣ

espècies

приправа

quètxup

кетчуп

mostassa

хардал

maionesa

майонез

# supermercat
# супермаркет

oferta especial
пешниҳоди махсус
FOR
client
мизоҷ
productes lactis
шир
fruites
мева
carret de la compra
аробача

BUTCHERS

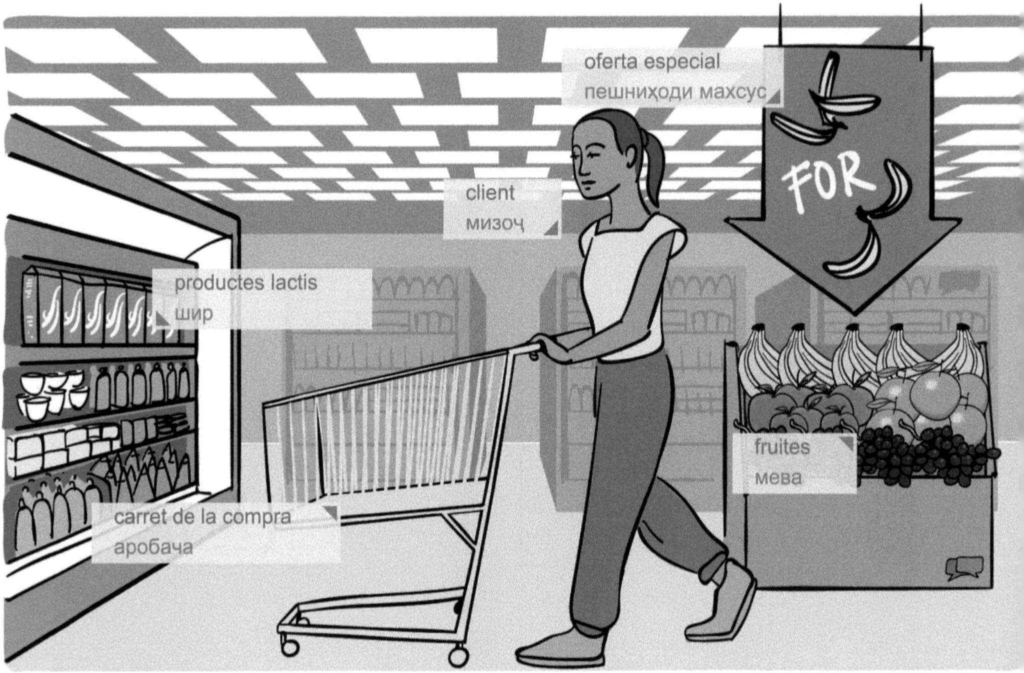

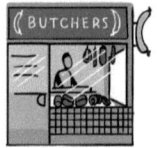

carnisseria

дукони гӯштфурӯшӣ

BAKERY

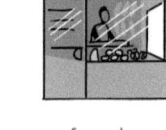

forn de pa

дукони нонфурӯшӣ

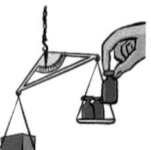

pesar

баркашидан

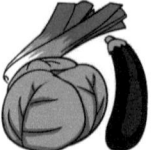

verdures

сабзавот

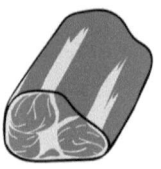

carn

гӯшт

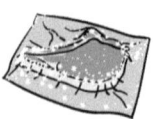

menjar congelat

хӯроки яхбаста

**carn freda**

тилимҳои борик буридаи
гушт

**conserves**

озуқаворӣ
консервонидашуда

**detergent en pols**

хокаи либосшӯй

**dolços**

ширинӣ

**articles domèstics**

асбоби рӯзгор

**productes de neteja**

воситаҳои тозакунанда

**venedora**

фурӯшанда

**caixa registradora**

касса

**caixera**

кассир

**llista de la compra**

рӯихати харидкунӣ

**horari d'obertura**

соат ифтитоҳи

**portamonedes**

ҳамён

**carta de crèdit**

корти кредитӣ

**bossa**

ҷуздо

**bossa de plàstic**

пакет

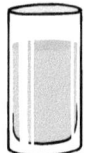

aigua

об

suc

шарбат

llet

шир

coca-cola

кола

vi

шароб

cervesa

оби ҷав

alcohol

машрубот

cacau

какао

te

чой

cafè

қаҳва

espresso

эспрессо

cappuccino

каппучино

banana

банан

poma

себ

taronja

норанҷӣ

síndria

харбуза

llimona

лимӯ

pastanaga

сабзӣ

all

сир

bambú

бамбук

ceba

пиёз

bolet

занбӯруғ

avellanes

чормағз

fideus

угро

espaguetis

спагеттй

arròs

биринч

amanida

салат

patates fregides

картошкаи қоқак

patates fregides

картошкабирён

pizza

Pizza

hamburguesa

гамбургер

entrepà

бутербурод

escalopa

шнитсел

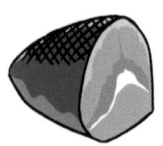

cuixot

гӯшти намакардаи хук

salami

ҳасиби салямй

salsitxa

ҳасиб

pollastre

мурғ

rostit

кабоб

peix

моҳй

flocs de civada

ярмаи ҷав

musli

омехтаи ғалладонагӣ

cereals

ярмаи ҷуворимакка

farina

орд

croissant

кулчақанд

panet

кулчақанд

pa

нон

torrada

як порча нони бирён

bescuits

кулчачаҳои қандин

mantega

маска

mató

творог

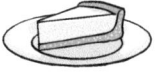

pastís

пирог

ou

тухм

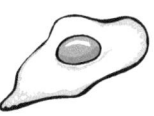

ou fregit

тухм бирён

formatge

панир

gelat

яхмос

sucre

шакар

mel

асал

melmelada

мураббо

crema de xocolata

хамираи ҳалво

curri

Curry

# granja
# ферма

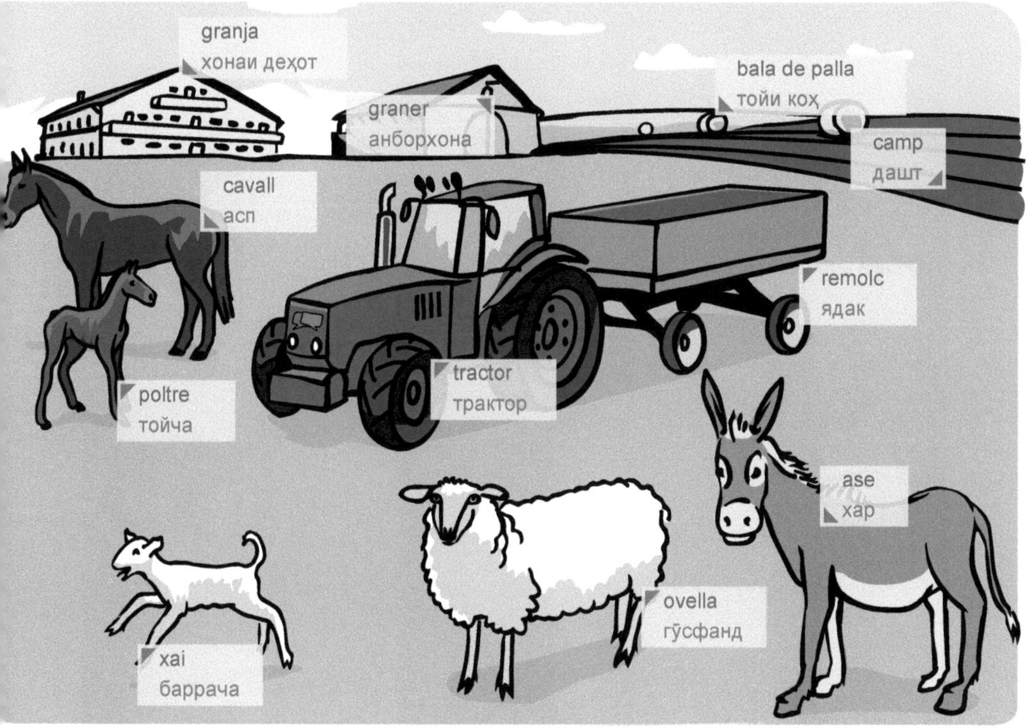
granja
хонаи деҳот
graner
анборхона
bala de palla
тойи коҳ
camp
дашт
cavall
асп
remolc
ядак
tractor
трактор
poltre
тойча
ase
хар
ovella
гӯсфанд
xai
баррача

cabra
буз

vaca
гов

vedella
гӯсола

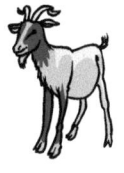

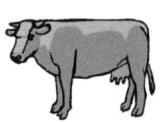

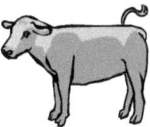

porc
хук

garrí
хукча

bou
буққа

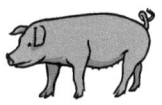

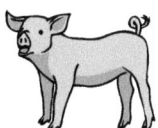

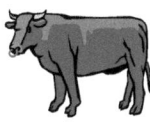

oca

қоз

ànec

мурғобй

poll

чӯҷа

gall

мурғ

gallina

хурӯс

rata

каламуш

gat

гурба

ratolí

муш

bou

барзагов

gos

саг

gossera

хоначаи саг

mànega de regar

рӯдаи резинй

regadora

камобй метавонад

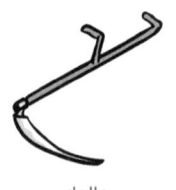

dalla

дос

arada

сипори шудгоркунии замин

**falç**

доси

**aixada**

каланд

**forca**

панҷшоха

**destral**

табар

**carretó**

ароба

**abeurador**

охур

**lletera**

зарфи ширгирӣ

**sac**

халта

**tanca**

девор

**establa**

мӯътадил

**hivernacle**

гармхона

**sòl**

хок

**llavor**

тухмӣ

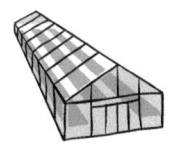

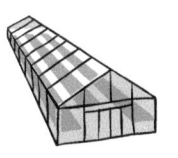

**adob**

нуриҳо

**collidora**

комбайни ғаллағундорӣ

collir

ҳосил

collita

ҳосил

nyam

yams

blat

гандум

soja

лубиж

patata

картошка

blat de moro o d'indi

ҷуворӣ

colza

донаи маъсар

arbre fruiter

дарахти мева

mandioca

маниос

cereals

ғалладона

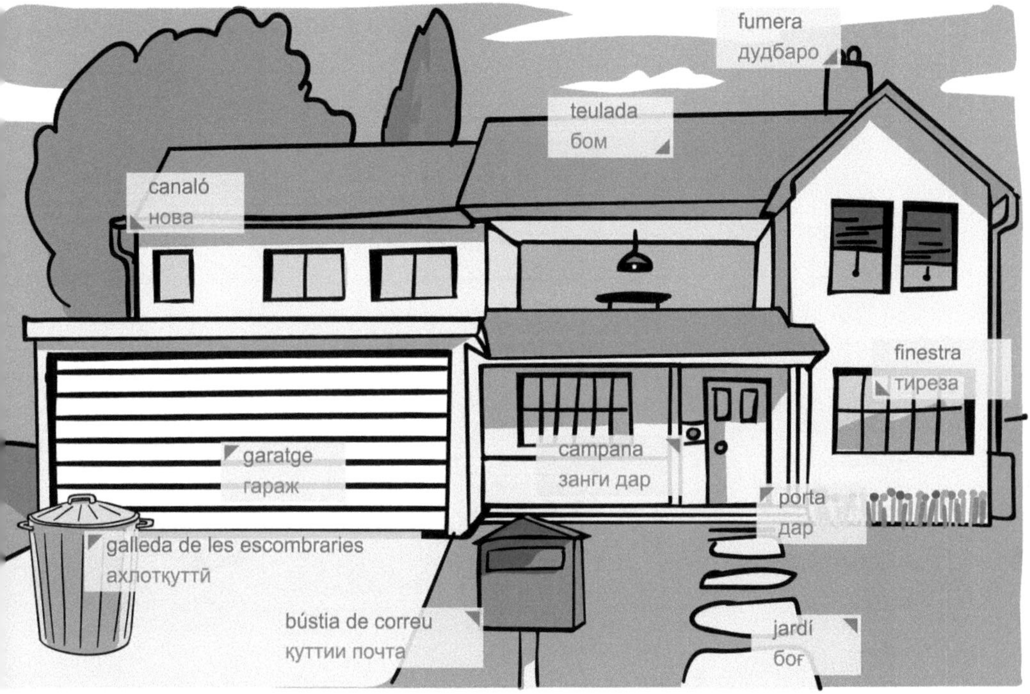

fumera
дудбаро

teulada
бом

canaló
нова

finestra
тиреза

garatge
гараж

campana
занги дар

porta
дар

galleda de les escombraries
ахлотқуттӣ

bústia de correu
қуттии почта

jardí
боғ

sala d'estar

мехмонхона

bany

ҳамом

cuina

ошхона

cambra de dormir

хонаи хоб

cambra de nen

ҳучраи кӯдакона

menjador

ошхона

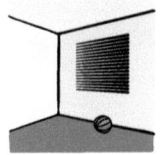

sòl

ошёна

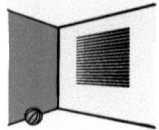

paret

девор

sostre

шифт

soterrani

тагзаминӣ

sauna

сауна

balcó

балкон

terrassa

суфача

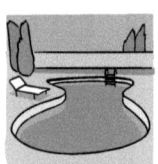

piscina

ҳавз

tallagespa

мошини алафдарав

vànova

варақ

cobrellit

кампал

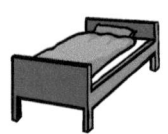

llit

кат

escombra

чорӯб

galleda

сатил

interruptor

калид

# sala d'estar
# мехмонхона

paper de paret
зардеворӣ
quadre
расм
làmpada
лампа
prestatge
рафи китобмонӣ
armari
чевони зарфҳо
televisor
телевизор
escalfapanxes
оташдон
flor
гул
coixí
болишт
sofà
диван
gerro
гулдон
telecomanda
пулт

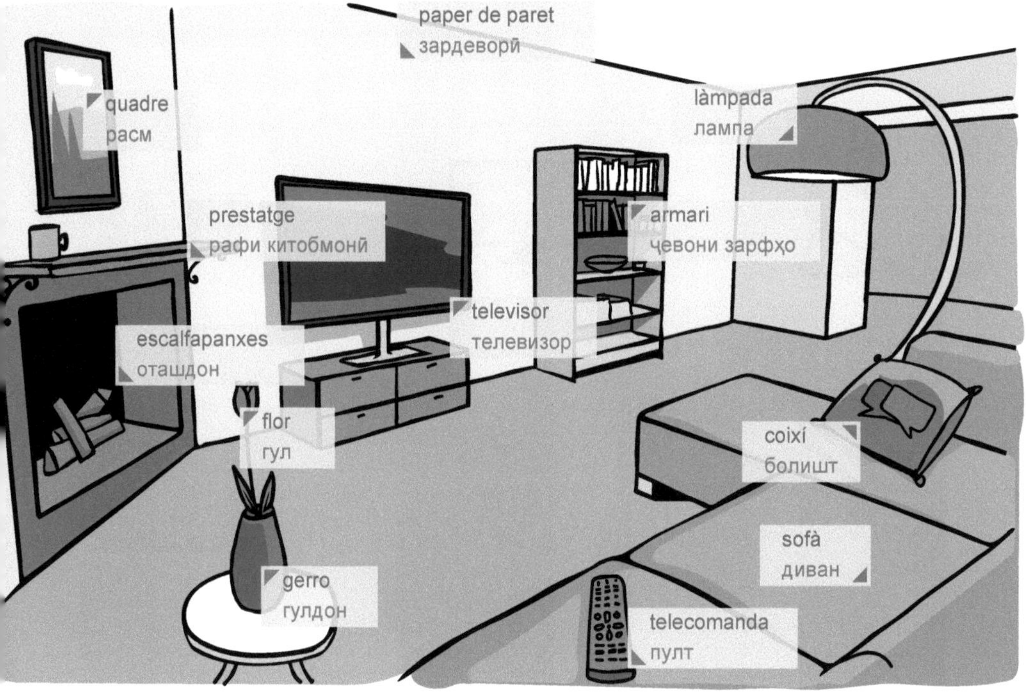

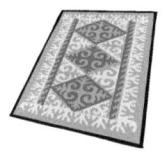

catifa

қолин

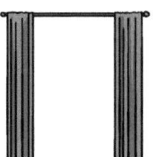

cortina

парда

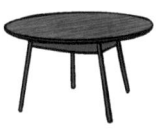

taula

мизи

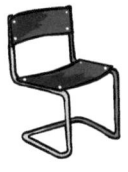

cadira

курсӣ

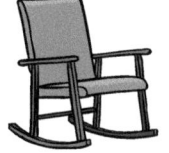

cadira gronxadora

rocking кафедраи

cadiral

курсӣ

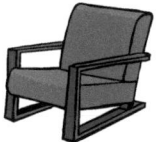

llibre

китоб

llençol

курпа

decoració

ороиш

llenya

ҳезум

film

филм

cadena de música

дастгоҳи hi-fi

clau

калид

diari

рӯзнома

pintura

расм

cartell

эълон

ràdio

радио

bloc de notes

китобчаи қайдҳо

aspiradora

чангкашак

cactus

кактус

candela

шам

# cuina
# ошхона

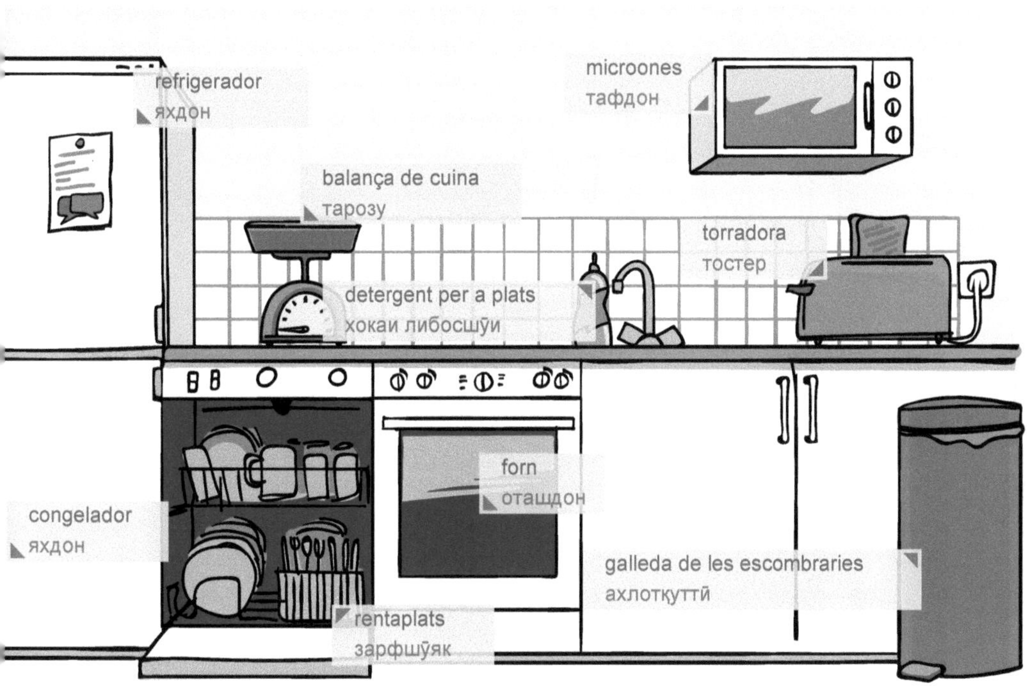

refrigerador
яхдон
microones
тафдон
balança de cuina
тарозу
torradora
тостер
detergent per a plats
хокаи либосшӯӣ
forn
оташдон
congelador
яхдон
galleda de les escombraries
ахлотқуттӣ
rentaplats
зарфшӯяк


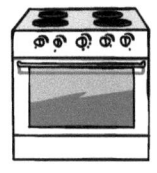

cuina de fogons
плита

olla
тубак

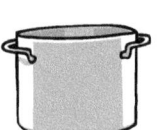

olla de ferro colat
дег

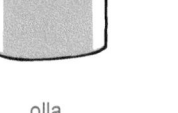

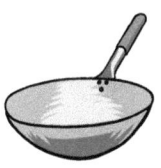

wok / karahi
дег / кадӣ

paella
тоба

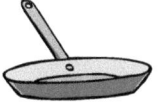

bullidor
чойник

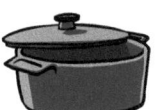

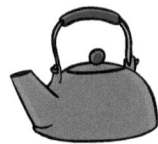

olla de vapor

steamer

лист

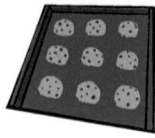

plata de forn

лист

vaixella

зарф

tassa grossa

кружка

bol

коса

bastonets xinesos

чубаки хурокхӯрй

culler

кафлези

espàtula

кафлези ҳамвор

batedor

whisk

colador

strainer

sedàs

элак

ratllador

турбтарошак

morter

миномет

barbacoa

Кабоб Кардан

foc a terra

оташ кушод

taula de tallar

тахтаи резакунӣ

corró

чӯба

llevataps

пӯккашак

pot de conserva

банка

obridor

консервокушояк

agafador

дастак

aigüera

дастшӯяк

raspall

чӯтка

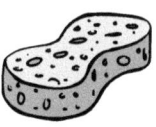

esponja

исфанч

batedora

блендер

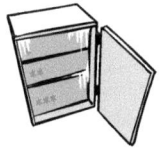

congelador

сармодон

biberó

шишача

aixeta

чумак

calefacció
гармидиҳӣ

dutxa
душ

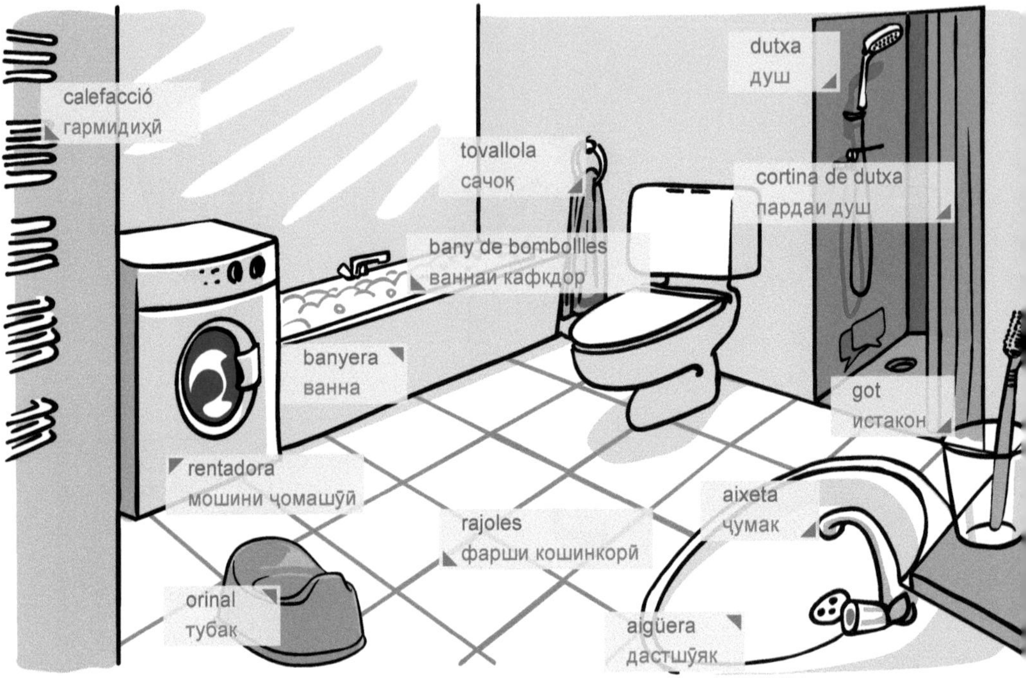

tovallola
сачоқ

cortina de dutxa
пардаи душ

bany de bombolles
ваннаи кафкдор

banyera
ванна

got
истакон

rentadora
мошини ҷомашӯй

aixeta
ҷумак

rajoles
фарши кошинкорӣ

orinal
тубак

aigüera
дастшӯяк

| | | |
|---|---|---|
| lavabo | lavabo turc | bidet |
| ҳоҷатхона | нишастгоҳи халоҷои рӯйфаршӣ | биде |
| orinador | paper higiènic | escombreta de sanitari |
| ҳоҷатхонаи мардона | коғази ташноб | чӯткаи ҳоҷатхона |

raspall de dents

дандоншӯяк

pasta de dents

хамираи дандоншӯи

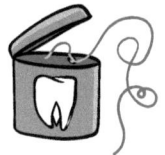

fil dental

риштаи дандонтозакунӣ

rentar

шӯстан

pom de dutxa

души дастӣ

dutxa íntima

обшӯй

rentamans

ҳавза

raspall per a l'esquena

шона кардани мӯй

sabó

собун

gel de dutxa

гел барои душ

xampú

шампун

manyopla de bany

бумазӣ

bonera

заҳкаш

crema

крем

desodorant

дезодорант

mirall

оина

mirall-espill de mà

оинаи дастӣ

maquineta de rasar

риштарошаки барқи

espuma de barbejar

кафк барои риштарошӣ

loció post-rasada

оби мушкини баъди риштарошӣ

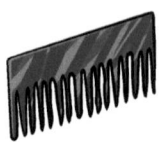

pinta

шона

raspall

чӯтка

eixugador

мӯйхушкунак

laca

лак барои мӯй

maquillatge

косметика

pintallavis

лабсурхкунак

esmalt d'ungles

лок барои нохун

cotó

пахта

tallaungles

қайчии нохунгирӣ

perfum

атриёт

estoig de bellesa

ҷузвдони косметики

tamboret

қазои ҳоҷат

bàscula

тарозу

barnús

хилъат

guants de goma

дастпӯшак резина

compresa higiènica

тампон

compresa

дастмоли санитарӣ

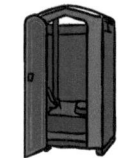

sanitari químic

био-ҳоҷатхона

# cambra de nen
# ҳуҷраи кӯдакона

despertador
соати рӯимизии зангдор
animal de peluix
бозичаи мулоим
auto de joguina
мошини бозича
sonall
тиқ-тиқ кардан
casa de nines
хоначаи бозичагӣ
present
ҳузур

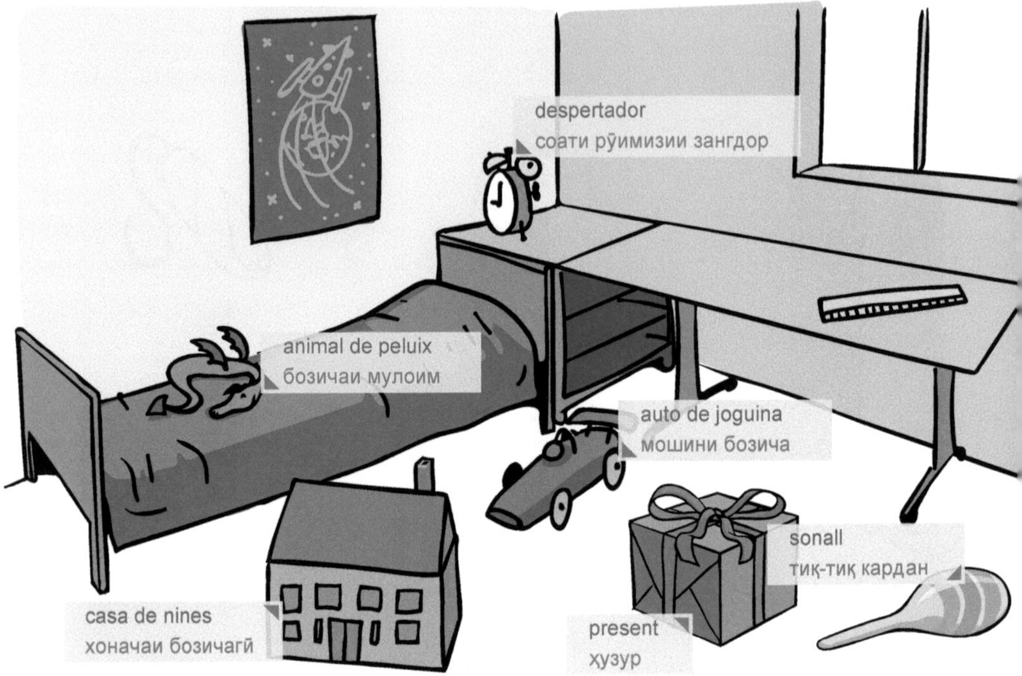

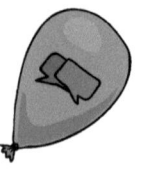

baló

пуфак

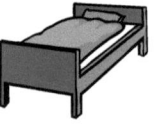

llit

кат

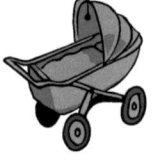

cotxet per a nens

аробочаи кудакона

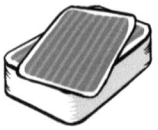

joc de cartes

маҷмӯи кортҳо

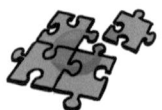

trencaclosca

бозии муамоёбӣ

SUPER MEGA

historieta

комикс

**peces de lego**

хиштҳои лего

**peces de construcció**

мағозаи бозичафурӯхтан

**ninot d'acció**

рақам амал

**granota**

либоси ғаваккашӣ

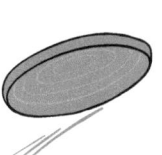

**frisbee**

фрисби

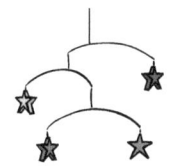

**mòbil per a bressol**

мобилӣ

**joc de taula**

лавҳачаи бозӣ

**daus**

кубик

**tren elèctric**

маҷмӯи модели қатора

**xumet**

пистонак

**festa**

ҳизб

**llibre de dibuixos**

китоби расм

**pilota**

тӯб

**nina**

лӯхтак

**jugar**

бози кардан

sorrera

куттии рег

gronxador

арғунчак

joguines

бозича

consola de jocs de vídeo

консоли бозиҳои видеой

tricicle

велосипеди сечарха

osset de peluix

хирсаки бахмалии патдор

armari

чевон

# roba

## либос

mitjons

ҷуроб

mitges

ҷуроби соқбаланд

mitja pantaló

колготки

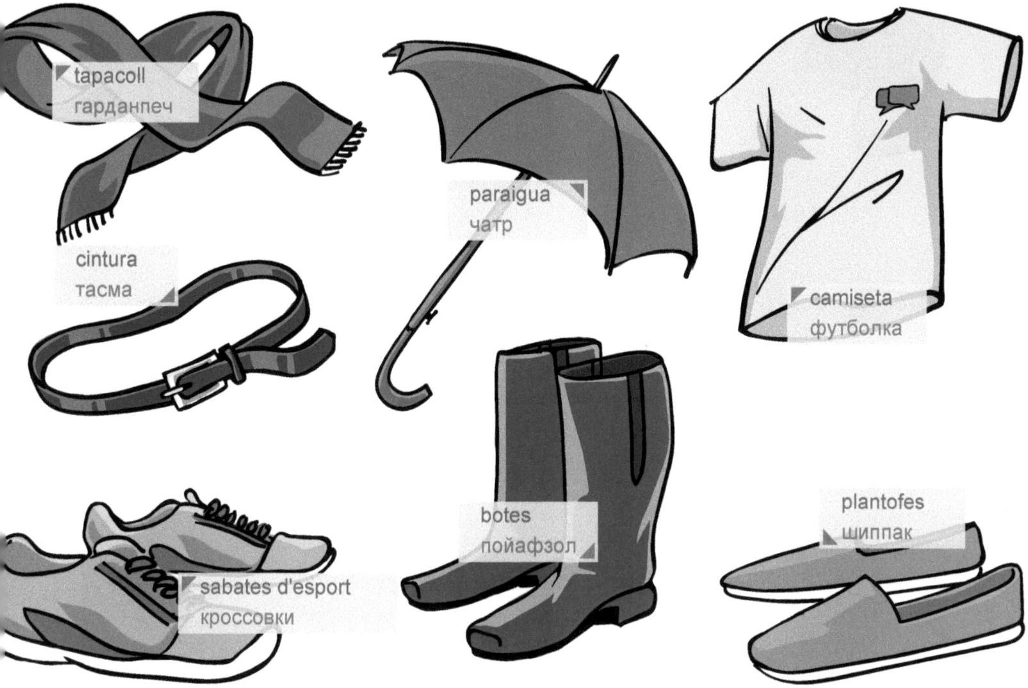

tapacoll
гарданпеч

paraigua
чатр

camiseta
футболка

cintura
тасма

botes
пойафзол

plantofes
шиппак

sabates d'esport
кроссовки

sandàlies

............

босоножкй

sabates

............

пойафзол

botes de goma

............

музаи резинй

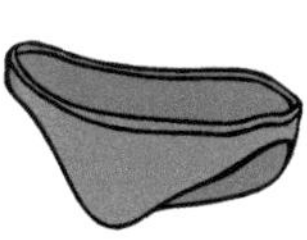

calçonets

............

турсй

sostenidor

............

синабанд

guardapits

............

майка

**jjustacòs**

бадан

**pantalons**

шим

**jeans**

чинс

**faldeta**

юбка

**brusa**

куртаи нимтаи занона

**camisa**

курта

**jersei**

свитер

**dessuadora**

свитер

**blazer**

пичак

**jaqueta**

нимтана

**mantell**

палто

**impermeable**

плаш

**vestit de dona**

костюм

**vestit de dona**

куртаи занона

**vestit de núvia**

либос тўйи

**vestit d'home**

костюм

**camisa de dormir**

куртаи хоб

**pijama**

пижама

**sari**

Сари

**mocador de cap**

рӯймол

**turbant**

салла

**burca**

ниқобу

**caftan**

кафтан

**abaia**

абая

**vestit de bany**

либоси обозӣ

**calçon(et)s de bany**

эзорчаи шиноварии мардона

**pantalons curts**

шорти

**xandall**

либоси варзишӣ

**davantal**

пешбанд

**guants**

дастпӯшак

botó

тугма

ulleres

айнак

braçalet

дастпона

collaret

гарданбанд

anell

ангуштарин

orellera

гӯшвора

casquet

кулоҳ

penjador

либосовезак

capell

кулоҳ

corbata

галстук

cremallera

занҷирак

casc

тоскулоҳ

elàstics

шимбардор

uniforme escolar

либоси мактабӣ

uniforme

либоси

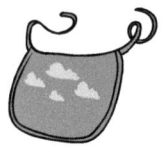

pitet

пешгир

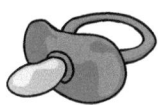

xumet

пистонак

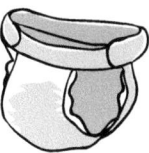

bolquer

подгузник

## oficina

## идора

servidor
сервер
armari arxivador
чевони ҳуҷҷатмонӣ
impressora
принтер
paper
коғаз
monitor
монитор
ratolí
мушак
escriptori
мизи хатнависӣ
arxivador
ҷузъгир
teclat
клавиатура
paperera
сабади партофҳои коғазӣ
ordinador
копютер
cadira
курсӣ


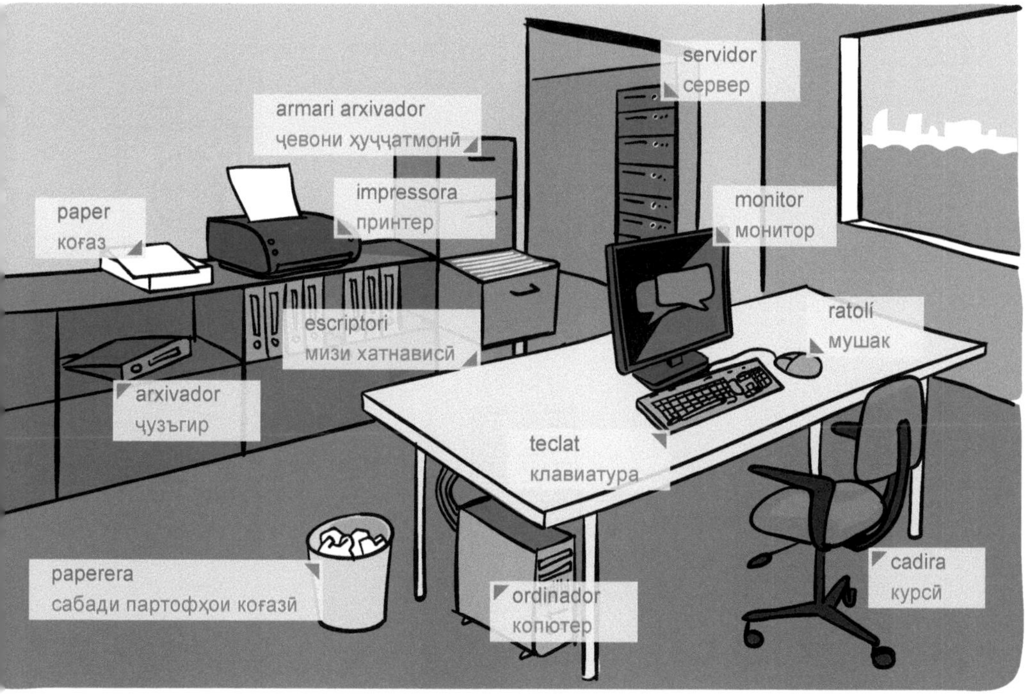

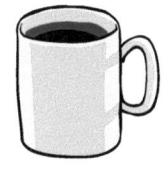

tassa de cafè

кружкаи қаҳванӯшӣ

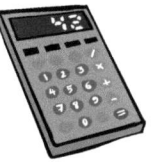

calculadora

калкулятор

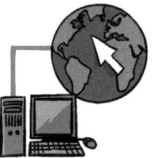

Internet

интернет

ordinador portàtil

ноутбук

lletra

мактуб

missatge

хабар

mòbil

телефони мобилй

xarxa

шабака

fotocopiadora

нусхабардор

programari

нармафзор

telèfon

телефон

presa de corrent

розетка

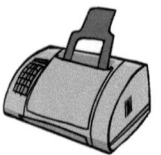

fax

факс

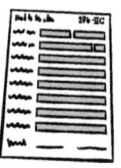

formulari

шакл

document

хуччат

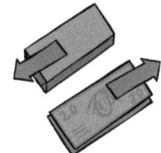

comprar

харидан

pagar

пардохт

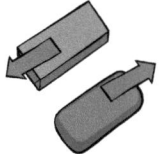

comerciar

савдо

diners

пул

dòlar

доллар

euro

евро

ien

йен

ruble

рубл

franc suís

франки швейцариягӣ

renminbi

юан

rupia

рупй

caixa automàtica

нуқтаи нақд

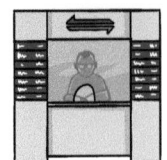

oficina de canvi

нуқтаи мубодилаи асъор

or

тилло

argent

нуқра

petroli

равғани растанӣ

energia

энерги

preu

нарх

contracte

шартнома

impost

андоз

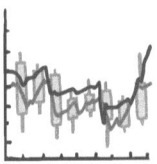

acció

саҳмия

treballar

кор

treballador

хизматчӣ

empresari

соҳибкор

fàbrica

завод

botiga

сехи

economia - иқтисодиёт

# oficis

# касбҳо

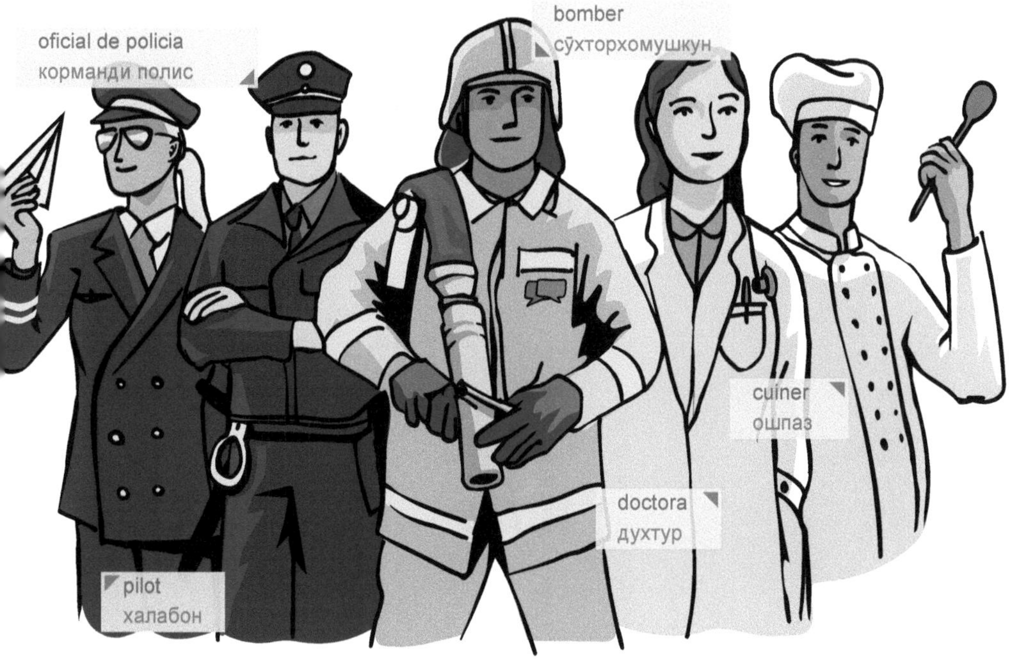

oficial de policia
корманди полис
bomber
сӯхторхомушкун
cuiner
ошпаз
doctora
духтур
pilot
халабон


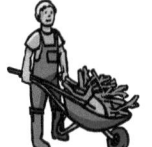

jardiner

богбон

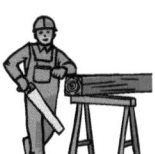

fuster

чӯбтарош

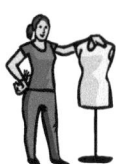

costurera

дӯзанда

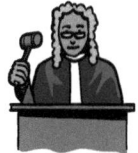

jutge

судя

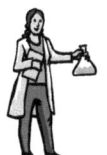

química

кимиёшинос

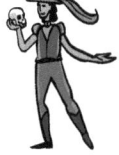

actor

актер

conductor d'autobús

ронандаи автобус

taxista

таксист

pescador

моҳигир

dona de la neteja

фаррошзан

ensostrador

устои бомпӯш

cambrer

пешхизмат

caçador

шикорчӣ

pintor

расом

forner

нонвой

electricista

барқ

obrer de la construcció

сохтмончӣ

enginyer

инженер

carnisser

қассоб

llanterner

устои шабакаи об

correu

хаткашон

soldat

сарбоз

arquitecte

меъмор

caixera

кассир

florista

гулфурӯш

perruquer

сартарош

revisor

кондуктор

mecànic

механик

capità

капатан

dentista

духтури дандон

científic

олим

rabí

хохом

imam

имом

monjo

шайх

capellà

саркоҳин

# eines

# асбобҳо

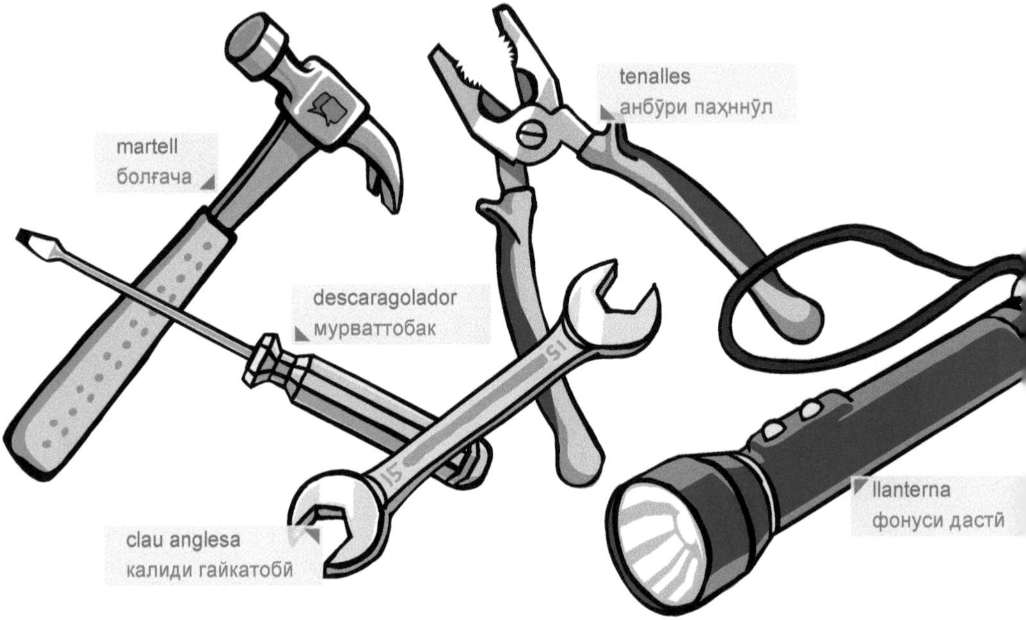
tenalles
анбӯри паҳннӯл
martell
болғача
descaragolador
мурваттобак
clau anglesa
калиди гайкатобӣ
llanterna
фонуси дастӣ

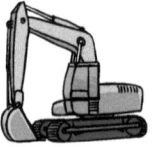

excavadora
экскаватор

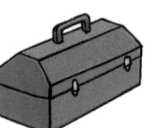

caixa d'eines
қутии асбобҳо

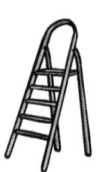

escala
зинапоя

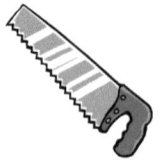

serra
арра

claus
мехҳо

trepant
пармаи электрикӣ

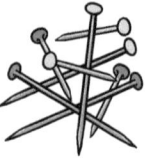

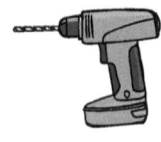

reparar

таъмир

pala

бел

Maleït siga!

Сабил монад!

pala

белчаи хокрӯбагирӣ

pot de pintura

сатили ранг

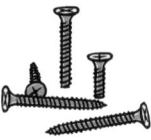

caragols

мехи печдор

## instrument de música
## асбобҳои мусиқӣ

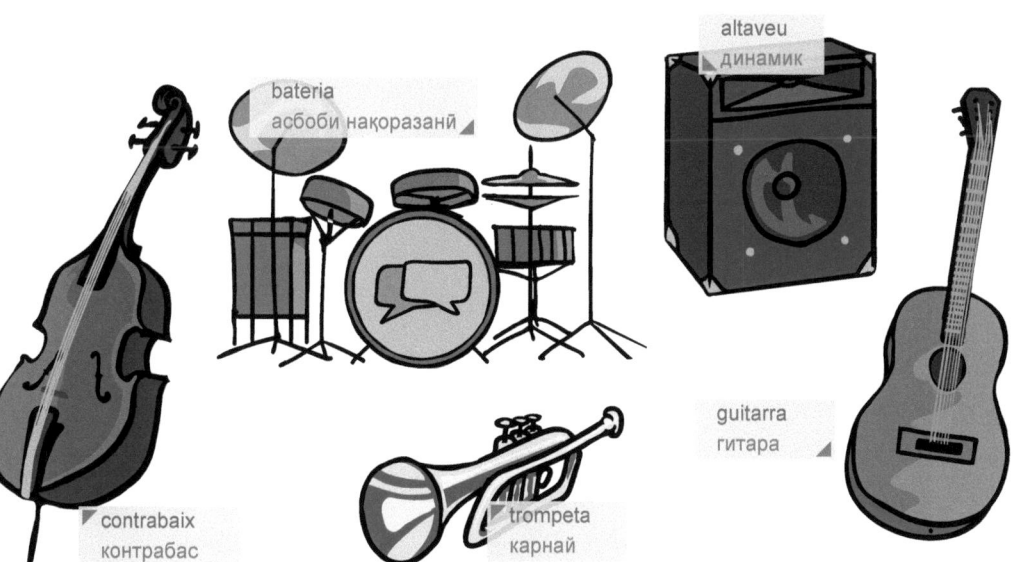

bateria
асбоби нақоразанӣ

altaveu
динамик

guitarra
гитара

contrabaix
контрабас

trompeta
карнай

piano

пианино

violí

ғиччак

baix

бас-гитара

timbal

нақораи поядор

tambor

нақора

teclat

клавиатура

saxofon

саксофон

flauta

най

micròfon

баландгӯяд

# боғи ҳайвонот

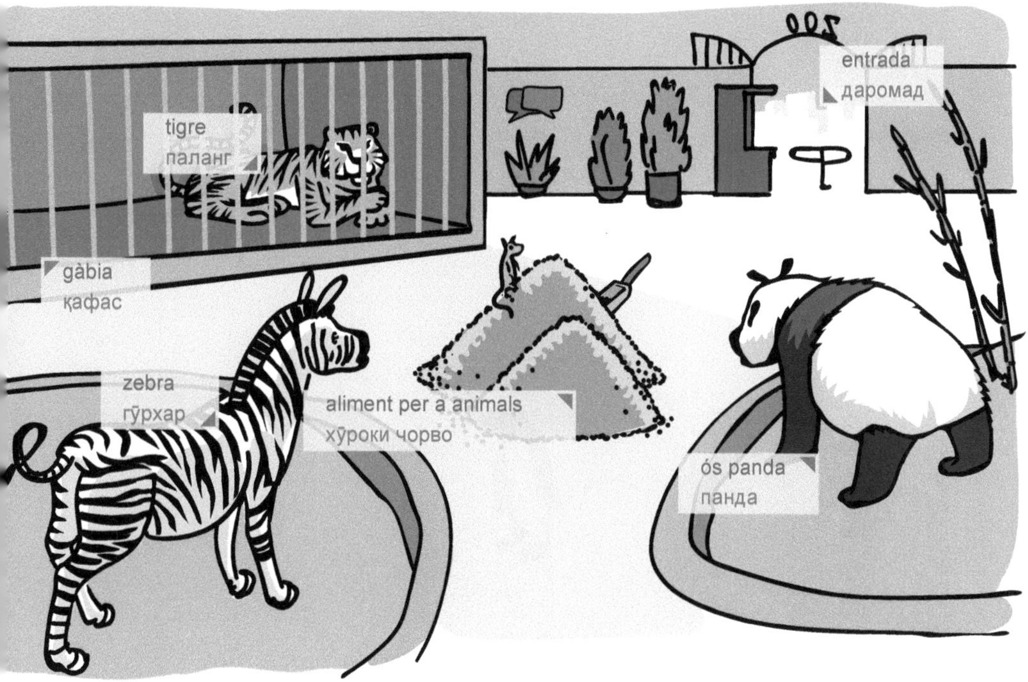
zoo
entrada
даромад
tigre
паланг
gàbia
қафас
zebra
гӯрхар
aliment per a animals
хӯроки чорво
ós panda
панда

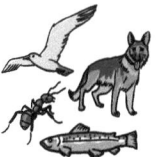

animals
ҳайвонот

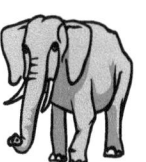

elefant
фил

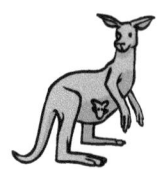

cangurú
кенгуру

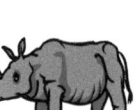

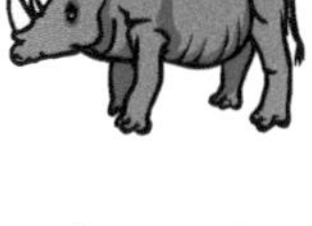

rinoceront
каркадан

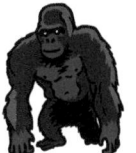

goril·la
горилла

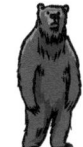

ós
хирси бӯр

camell

шутур

estruç

шутурмурғ

lleó

шер

simi

маймун

flamenc

бутимор

papagai

тӯти

ós polar

хирси сафед

pingüí

пингвин

ca mari

наҳанг

paó

товус

serp

мор

cocodril

тимсоҳ

guardià del zoo

посбон

foca

сил

jaguar

ягуар

poni

аспи кӯтоҳқад

lleopard

леопард

hipopòtam

баҳмут

girafa

заррофа

àliga

уқоб

senglar

хуки ваҳшӣ

peix

моҳӣ

tortuga

сангпушт

morsa

морж

guineu

рӯбоҳ

gasela

ғизол/оҳу

futbol americà
футболи амрикои

ciclisme
велосипедронӣ

tenis
теннис

bàsquet
баскетбол

natació
шиноварӣ

boxa
бокс

hoquei sobre gel
хоккей

futbol americà
футбол

bàdminton
бадмингтон

atletisme
атлетика

handbol
гандбол

esquí
лижаронӣ

polo
тӯббозӣ бо асп

# activitats
# фаъолият

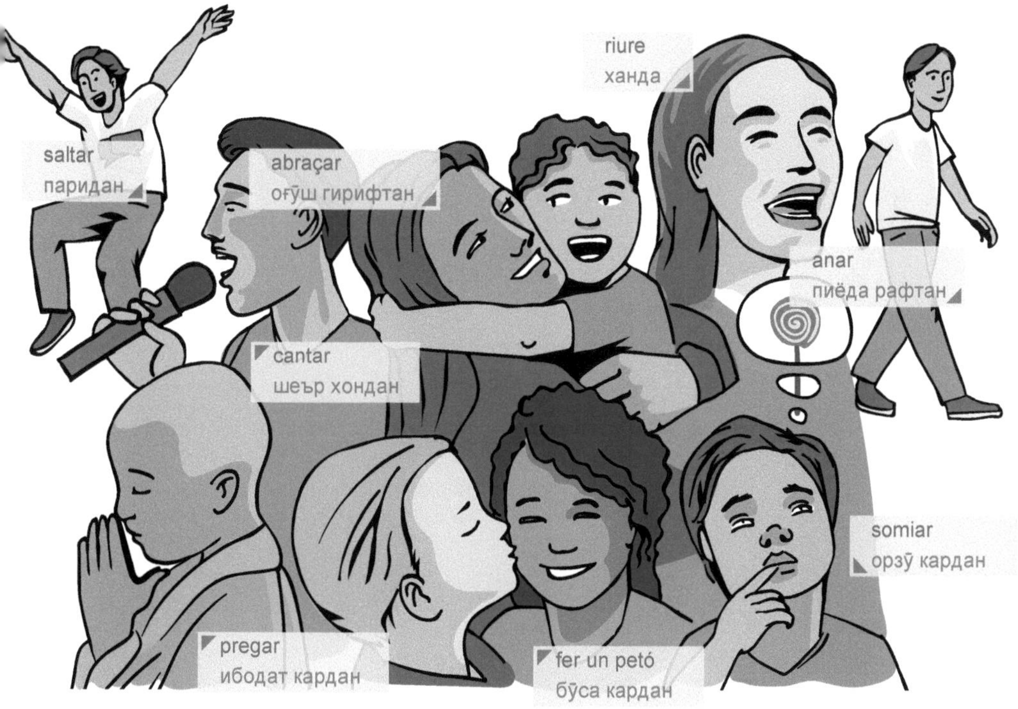
riure
ханда
saltar
паридан
abraçar
оғӯш гирифтан
anar
пиёда рафтан
cantar
шеър хондан
somiar
орзӯ кардан
pregar
ибодат кардан
fer un petó
бӯса кардан

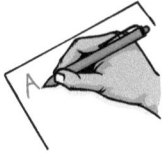

escriure
навиштан

dibuixar
кашидан

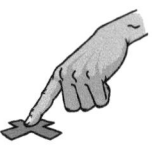

mostrar
нишон додан

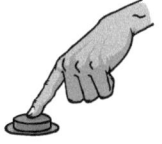

pitjar
тела додан

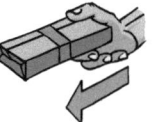

donar
додан

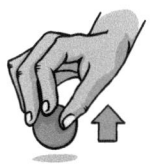

prendre
гирифтан

**tenir**

доранд

**fer**

кор

**ésser**

бошад

**estar dret**

истодан

**córrer**

давидан

**estirar**

кашидан

**llançar**

партофтан

**caure**

афтидан

**jeure**

дароз кашидан

**esperar**

интизор шудан

**portar**

бардошта бурдан

**asseure's**

нишастан

**vestir-se**

либос пӯшидан

**dormir**

хобин

**despertar-se**

бедор шудан

mirar

нигоҳ кардан

plorar

гиря кардан

amoixar

сила кардан

pentinar

шона

parlar

гап задан

comprendre

фаҳмидан

demanar

пурсидан

escoltar

гӯш кардан

beure

нӯштдан

menjar

хӯрдан

endreçar

ғундоштан

estimar

ишқ

cuinar

ошпаз

conduir

рондан

volar

парвоз кардан

navegar

бо бодбон ҳаракат кардан

calcular

ҳисоб кардан

llegir

хондан

aprendre

омӯхтан

treballar

кор

casar-se

оиладор шудан

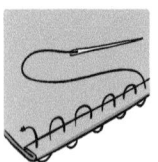

cosir

дӯхтан

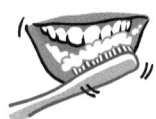

raspallar-se les dents

дадон шӯстан

matar

куштан

fumar

дуд

enviar

фиристодан

àvia / биби

avi / бобо

pare / падар

mare / модар

nadó / кўдак

filla / хоҳар

fill / писар

convidat

меҳмон

tia

хола

oncle

амак

germà

бародар

germana

хоҳар

# cos

# бадан

front
пешонӣ
ull
чашм
cara
рӯй
barbeta
манаҳ
pit
қафаси сина
dit
ангушт
mà
панҷаи даст
braç
даст
espatlla
китф
cama
пой


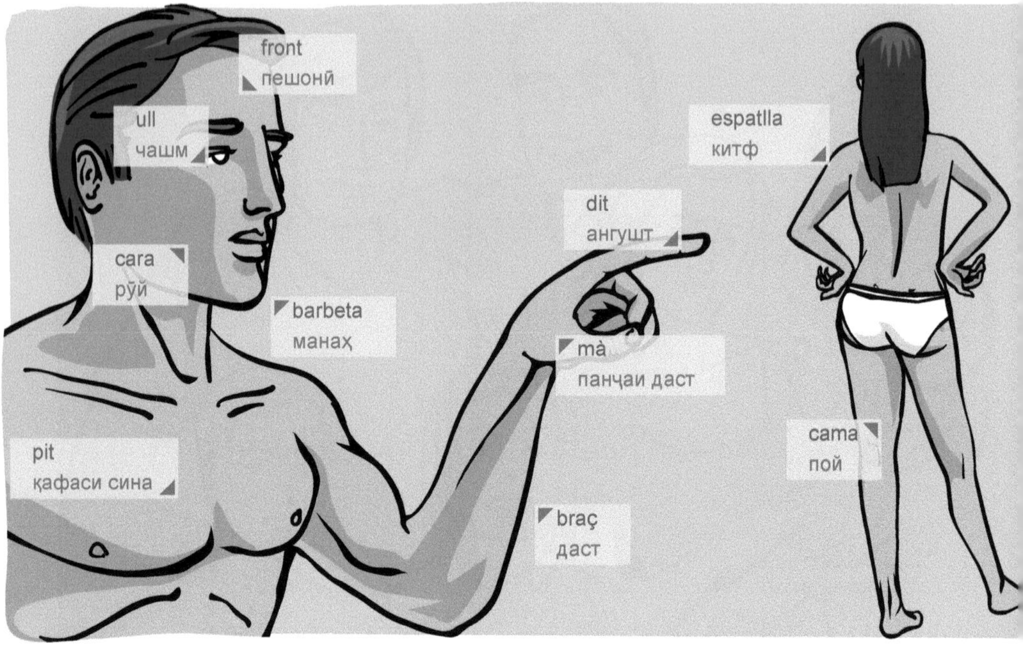

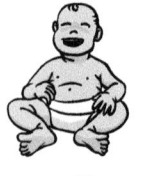

nadó

кӯдак

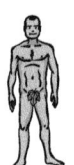

home

мард

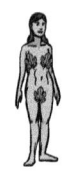

dona

зан

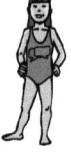

noia

духтар

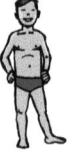

noi

писар

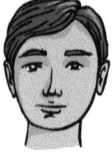

cap

сар

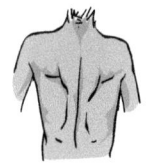

esquena

пушт

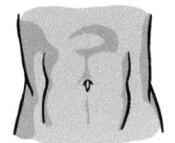

panxa

шикам

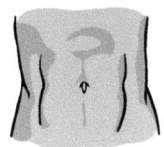

melic

ноф

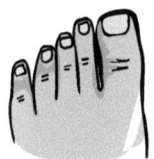

dit gros del peu

ангушти пой

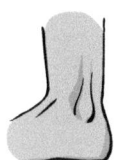

taló

пошнаи пой

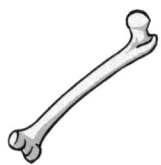

os

устухон

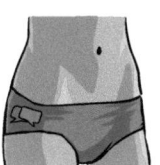

maluc

рон

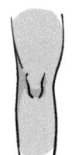

genoll

зону

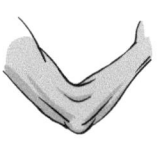

colze

оринҷ

nas

бинй

cul

таг

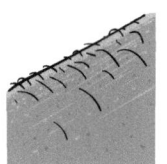

pell

пӯст

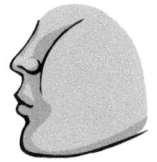

galta

рухсора

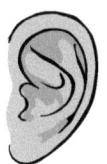

orella

гӯш

llavi

лаб

boca

дахон

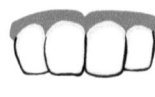

dent

дадон

llengua

забон

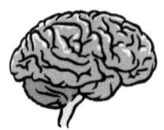

cervell

майнаи сар

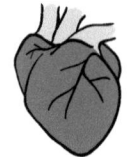

cor

дил

múscul

мушак

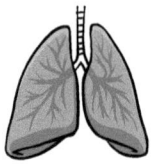

pulmó

шуш

fetge

ҷигар

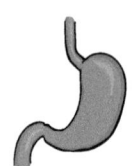

estómac

меъда

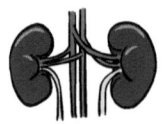

ronyó

гурдаҳо

relació sexual

алоқаи ҷинсӣ

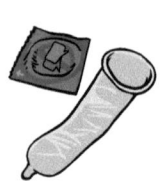

preservatiu

рифола

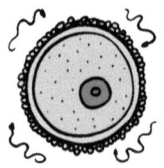

ovari

тухмҳуҷайра

semen

нутфа

prenyat

ҳомиладорӣ

cos - бадан

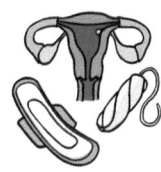

menstruació
.................
ҳайз

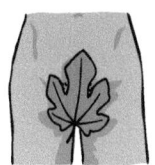

vagina
.................
маҳбал

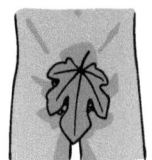

penis
.................
кер

cella
.................
абрӯ

cabells
.................
мӯй

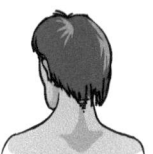

coll
.................
гардан

# hospital
# бемористон

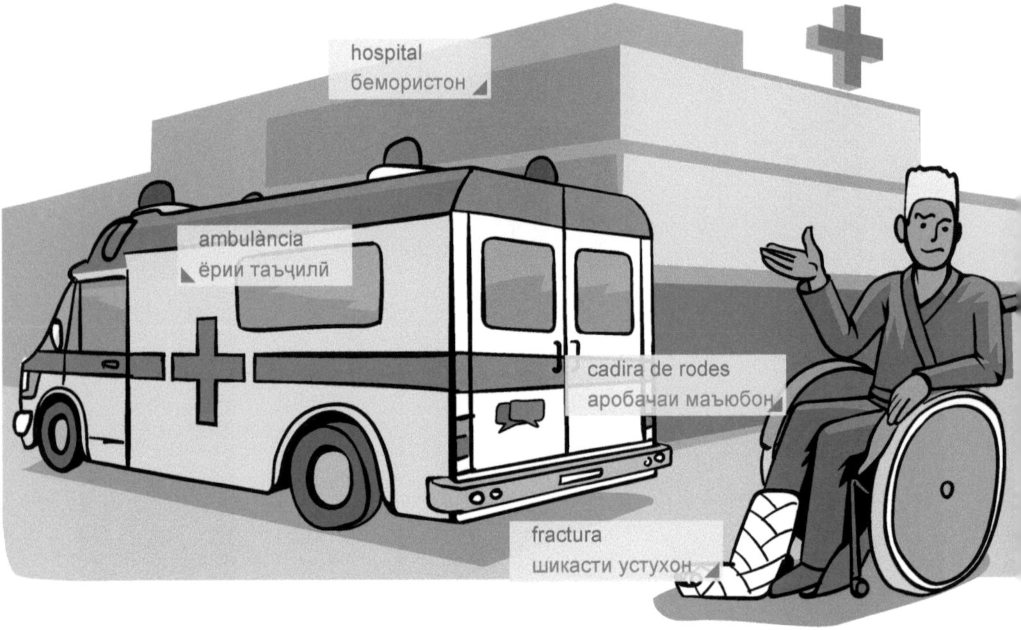

hospital
бемористон
ambulància
ёрии таъҷилӣ
cadira de rodes
аробачаи маъюбон
fractura
шикасти устухон

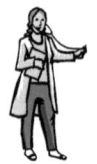

doctora
духтур

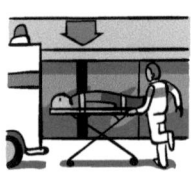

sala d'urgències
ҳуҷраи ёрии фаврӣ

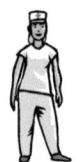

infermera
ҳамшираи тиббӣ

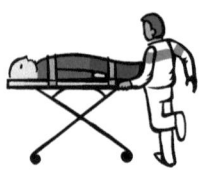

urgència
ҳолати фавқулодда

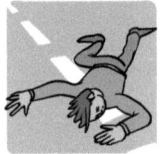

inconscient
беҳуш

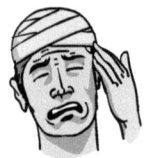

dolor
дард

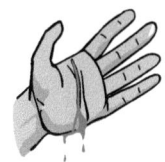

ferida

чароҳат

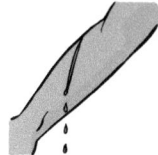

sagnament

хунравй

atac de cor

дилзанак

apoplexia

сактаи майна

al·lèrgia

аллергия

tos

сулфа

febre

табларза

gripa

грипп

diarrea

шикамравй

mal de cap

сардард

càncer

саратон

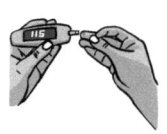

diabetis

диабет

cirurgià

чарроҳ

escalpel

скалпел

operació

чарроҳй

tomografia computada (TC),
TAC

Томографияи компютерй

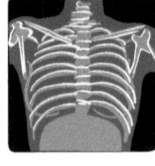

raigs x

шӯъои ренгенй

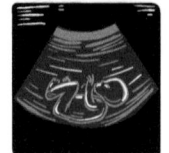

ultrasò

ултрасадо

mascareta

ниқоби рӯй

malaltia

беморй

sala d'espera

ҳуҷраи интизорй

crossa

асобағал

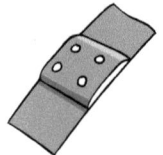

tireta

марҳам

embenat

дока

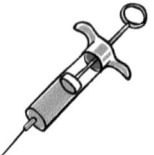

injecció

сӯзандору

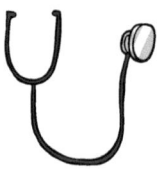

estetoscopi

стетоскоп

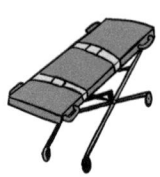

llitera

занбар

termòmetre clínic

ҳароратсанҷ

pariment

таваллуд

sobrepès

вазни зиёдатй

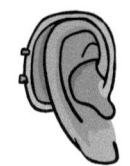

aparell auditiu

тачхизоти шунавой

desinfectant

моддаи безараргардонй

infecció

инфексия

virus

вирус

VIH / SIDA

ВИЧ / СПИД

medicina

дору

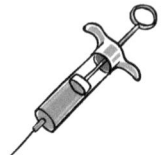

vaccí

ваксинатсия

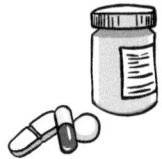

comprimits

ҳабҳо

píl·lola

ҳаб

trucada d'urgència

занги изтирорй

tensiòmetre

монитори фишори хун

malalt / sà

бемор/солим

Socors!
Кумак!

alarma
ҳушдор

assalt
ҳуҷум

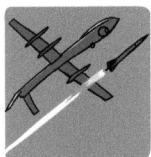

atac
ҳамла

perill
хатар

sortida-eixida d'urgència
баромадгоҳи таҳлиявй

Foc!
Сӯхтор!

extintor
оташнишон

accident
садама

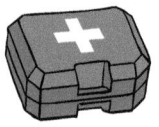

farmaciola de primers
auxilis
дорукуттй

SOS
бонги хатар

policia
полис

Europa

Аврупо

Amèrica del Nord

Америкаи Шимолй

Amèrica del Sud

Америкаи Ҷанубй

Àfrica

Африка

Àsia

Осиё

Austràlia

Австралия

Atlàntic

Уқёнуси Атлантик

Pacífic

Уқёнуси Ором

Oceà Índic

Уқёнуси Ҳинд

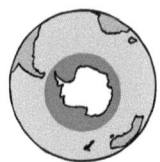

Oceà Antàrtic

Уқёнуси Антарктика

Oceà Àrtic

Уқёнуси Арктика

pol nord

Қутби шимол

pol sud

Қутби ҷануб

Antàrtida

Антарктика

terra

замин

país

замин

mar

баҳр

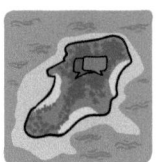

illa

ҷазира

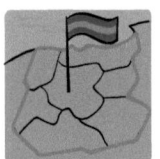

nació

миллат

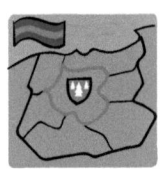

estat

давлат

quadrant

сиферблат

agulla de les hores

ақрабаки соат

agulla dels minuts

ақрабаки дақиқашумор

agulla dels segons

ақрабаки сонияшумор

Quina hora és?

Соат чанд?

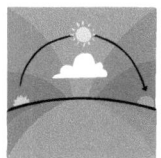

dia

рӯз

temps

замон

ara

ҳозир

rellotge digital

соати электронӣ

minut

лаҳза

hora

соат

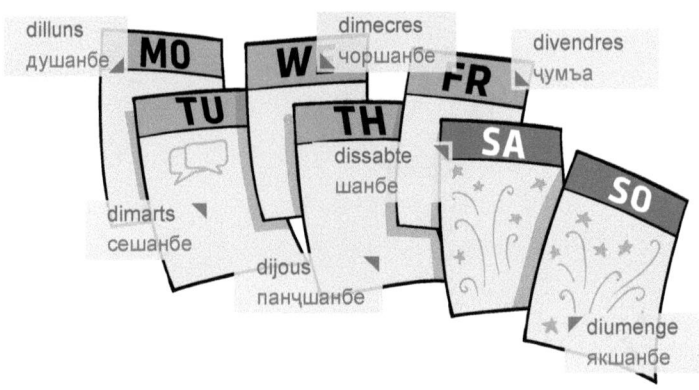

dilluns
душанбе

MO

W
чоршанбе

dimecres

divendres
чумъа

FR

TU

TH

SA

dissabte
шанбе

dimarts
сешанбе

SO

dijous
панчшанбе

diumenge
якшанбе

ahir

дирӯз

avui

имрӯз

demà

фардо

matí

пагоҳирӯзӣ

migdia

нимрӯз

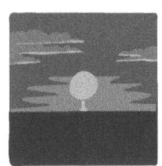

tarda

шом

| MO | TU | WE | TH | FR | SA | SU |
|----|----|----|----|----|----|----|
| 1 | 2 | 3 | 4 | 5 | 6 | 7 |
| 8 | 9 | 10 | 11 | 12 | 13 | 14 |
| 15 | 16 | 17 | 18 | 19 | 20 | 21 |
| 22 | 23 | 24 | 25 | 26 | 27 | 28 |
| 29 | 30 | 31 | 1 | 2 | 3 | 4 |

dia feiner

рӯзҳои корӣ

| MO | TU | WE | TH | FR | SA | SU |
|----|----|----|----|----|----|----|
| 1 | 2 | 3 | 4 | 5 | 6 | 7 |
| 8 | 9 | 10 | 11 | 12 | 13 | 14 |
| 15 | 16 | 17 | 18 | 19 | 20 | 21 |
| 22 | 23 | 24 | 25 | 26 | 27 | 28 |
| 29 | 30 | 31 | 1 | 2 | 3 | 4 |

cap de setmana

истироҳат

# any

# сол

pluja
борон
arc de Sant Martí
рангинкамон
neu
барф
vent
шамол
primavera
баҳор
tardor
тирамоҳ
estiu
тобистон
hivern
зимистон


4.APRIL 11°
5.APRIL 4°
6.APRIL 13°
7.APRIL 8°
8.APRIL 10°


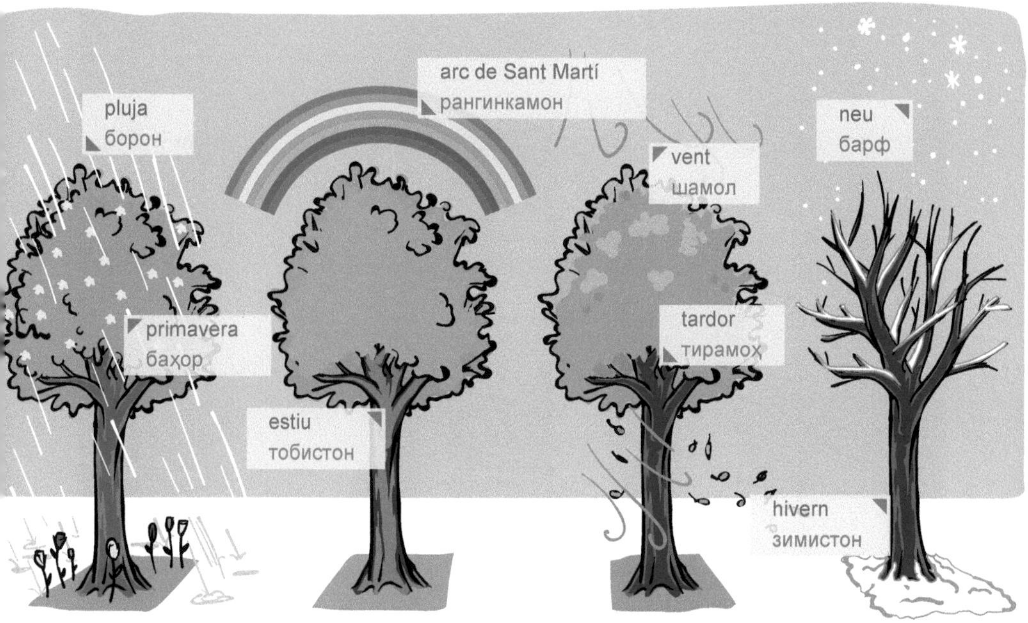

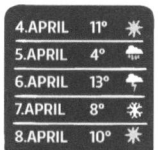

pronòstic del temps

Обу ҳаво

F C
120 40
90 30
60 20
30 10
0 0
-30 -10
-20


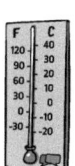

termòmetre

ҳароратсанҷ

llum del sol

равшании офтоб

núvol

абр

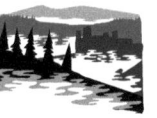

boira

туман

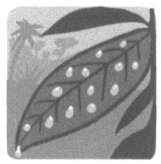

humiditat de l'aire

намнок

llamp

барқ

tro

тундар

tempesta

тӯфон

calamarsa

жола

monsó

муссон

inundació

обхезй

gel

ях

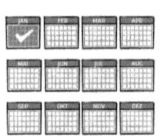

gener

январ

febrer

феврал

març

март

abril

апрел

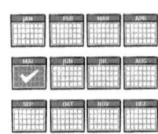

maig

май

juny

июн

juliol

июл

agost

август

any - сол

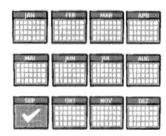

setembre
..................
сентябр

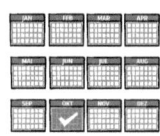

octubre
..................
октябр

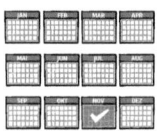

novembre
..................
ноябр

desembre
..................
декабр

## formes
## баст

cercle
..................
давра

quadrat
..................
мураббаъ

rectangle
..................
росткунья

triangle
..................
секунья

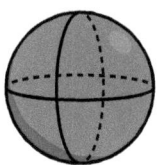

esfera
..................
соњаи

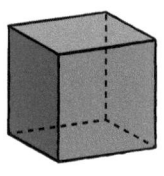

cub
..................
мукааб

blanc

гулобй

groc

хокистаранг

taronja

зард

rosa

бунафшранг

vermell

сурх

lila

қаҳваранг

blau

кабуд

verd

сиёҳ

marró

кабуд

gris

сафед

negre

сабз

molt / poc

бисёр/кам

emprenyat / tranquil

хашмгин / ором

bonic / lleig

зебо/безеб

començament / fi

оғози / охири

gran / petit

калон/хурд

clar / fosc

дурахшон / торик

germà / germana

бародари / хоҳар

net / brut

тоза/чиркин

complet / incomplet

пурра / нопурра

dia / nit

рӯзи / шаб

mort / viu

мурдагон / зинда

ample / estret

кушод/танг

comestible / immenjable

хӯрданӣ /
хӯрданашаванда

dolent / amable

бад/нек

entusiasmat / entediat

ба ҳаяҷон / дилгир

gros / prim

ғавс/борик

primer / darrer

якум/охирин

amic / enemic

Дӯсти / душмани

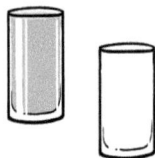

ple / buit

пур/холӣ

dur / tou

сахт/мулоим

pesant / lleuger

вазнин/сабук

gana / set

гуруснагӣ / ташнагӣ

malalt / sà

бемор/солим

il·legal / legal

ғайриқонунӣ / ҳуқуқӣ

intel·ligent / ximple

соҳибақл / беақл

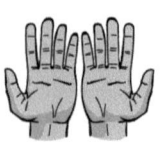

esquerra / dreta

рост/чап

prop / llunyà

наздик/дур

**nou / usat**

нави / истифода бурда мешавад

**res / quelcom**

ҳеҷ / чизе

**vell / jove**

пир/ҷавон

**encès / apagat**

оид / хомӯш

**obert / tancat**

кушода/пӯшида

**silenciós / sorollós**

паст/баланд

**ric / pobre**

бой/камбағал

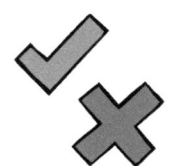

**correcte / incorrecte**

дуруст/нодуруст

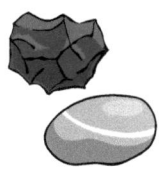

**aspre / suau**

дурушт/ҳамвор

**trist / content**

ғамгин/хушбахт

**curt / llarg**

кӯтоҳ/дароз

**lent / ràpid**

оҳиста/тез

**humit / sec - eixut**

тар/хушк

**calent / fred**

гарм / сард

**guerra / pau**

ҷанг / сулҳ

**0**

zero

нол

**1**

u

як

**2**

dos

ду

**3**

tres

се

**4**

quatre

чор

**5**

cinc

панҷ

**6**

sis

шаш

**7**

set

ҳафт

**8**

vuit

ҳашт

**9**

nou

нӯҳ

**10**

deu

даҳ

**11**

onze

ёздаҳ

## 12
dotze
дувоздах

## 13
tretze
сензда

## 14
catorze
чордах

## 15
quinze
понздах

## 16
setze
шонздах

## 17
disset
хабдах

## 18
divuit
хаждах

## 19
dinou
нуздах

## 20
vint
бист

## 100
cent
сад

## 1.000
mil
хазор

## 1.000.000
milió
миллион

anglès

англисӣ

anglès americà

англисии амрикой

xinès mandarí

мандарини хитой

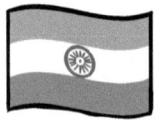

hindi

ҳиндӣ

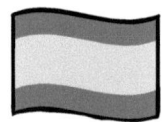

espanyol

испанӣ

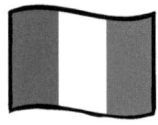

francès

фаронсавӣ

àrab

арабӣ

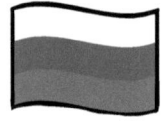

rus

русӣ

portuguès

португалӣ

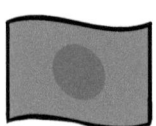

bengalí

бенгалӣ

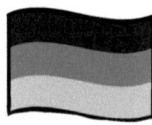

alemany

олмонӣ

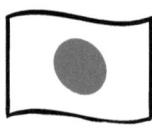

japonès

ҷопонӣ

jo

ман

tu

шумо

ell / ella / allò

Ȳ / вай / он

nosaltres

мо

vosaltres

шумо

ells

онхо

qui?

ки?

què?

чй?

com?

Чй хел?

on?

дар кучо?

quan?

кай?

nom

ном

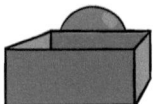

darrere

аз паси

en

дар

davant de

дар пеши

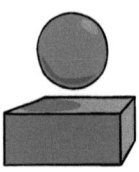

damunt

дар болои

sobre

дар рӯи

sota

дар зери

al costat

дар назди

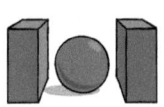

entre

миёни

lloc

ҷой